Dans un éblouissant avant-propos ajouté, après-coup, à sa célèbre étude sur *L'Éthique protestante et l'esprit du capitalisme* (1903), Max Weber se demande « à quels enchaînements de circonstances on doit imputer l'apparition, dans la civilisation occidentale et uniquement dans celle-ci, de phénomènes qui ont revêtu une signification universelle ».

Il énumère, pêle-mêle, une science à laquelle les Grecs, seuls, ont su donner des fondements mathématiques, la méthode de Thucydide et la doctrine juridique rationnelle propre au droit romain, l'harmonie musicale, sa notation et les moyens de l'exécuter (orgue, piano, violon...), la croisée d'ogives, la perspective linéaire, une bureaucratie spécialisée, des Parlements élus périodiquement, l'État comme institution ayant une constitution écrite, enfin « la puissance la plus décisive de notre vie moderne : le capitalisme ».

Ces pages sont de 1912. Les historiens ont tout dit ou peu s'en faut de l'étonnante destinée du promontoire dentelé où finit, à l'ouest, le continent eurasiatique. Ses dentelures, d'abord, où la vie trouve à se nicher plus commodément que dans les plaines infinies balayées par des souffles glacés ou torrides, des hordes pillardes. Marc Bloch qualifiait les grandes invasions de « ruée vers le soleil ». L'éveil de la raison, comme posture intellectuelle, attitude existentielle, a sans doute à voir avec le climat méditerranéen. Sous quels autres cieux Aristote aurait-il pu enseigner en plein air, dans le bois du Lycée, Socrate sur le terrain d'Akadémos, les Stoïciens près du portique dont ils ont pris le nom ? Autour d'eux, leurs concitoyens vaquent à leurs affaires, apportent au marché les fruits de la terre, les produits de l'artisanat. Aristote, la plus forte tête de l'Antiquité, pourtant, ne comprend pas selon quels critères un lit s'échange contre du blé, une épée contre de l'huile, une jarre contre un vêtement. Il constate, avec son intelligence pénétrante, que les ouvriers, les marchands, les esclaves, même, savent quelque chose qu'il n'entend pas. C'est la substance de la valeur, le temps de travail social abstrait qui a cristallisé dans la marchandise. Elle échappera encore aux Physiocrates français du siècle des Lumières mais sautera aux yeux des contemporains de l'économie en vue du profit, Smith puis Ricardo.

Comme tous les miracles, le miracle grec garde une part de mystère. L'influence bénéfique du Moyen-Orient, premier creuset de la civilisation, avec la Chine, la douceur de l'air, l'opportunité, la beauté des lieux, la Méditerranée, ses anses, ses îles n'expliquent pas tout. Quels hommes furent ces Athéniens auxquels s'adressaient non seulement péripatéticiens et socratiques mais Thalès, Hérodote et Thucydide, Cléanthe, Eschyle, Euripide, Sophocle, Xénophon !

Là-dessus, la prodigieuse fortune du christianisme, une religion d'esclaves, et non pas de prêtres ou de guerriers comme l'hindouisme et l'Islam, sa distinction catégorique entre le religieux et le séculier – « à César ce qui appartient à César, à Dieu ce qui appartient à Dieu ».

Et encore – on n'en finirait pas – le morcellement premier, durable, actuel de l'Europe, qui l'a protégée contre une conquête globale comme la Perse après la bataille d'Issos (333 av. J.-C.), Rome après le pillage d'Alaric (410), le Mexique aztèque, le Pérou inca.

On ne s'explique pas tout à fait comment ni pourquoi le puissant foyer de civilisation que constituait la Chine charbonne et s'éteint. Elle a à peu près tout inventé, le papier, l'imprimerie (mais ses idéogrammes innombrables constituent un sérieux obstacle à la mécanisation de l'écrit quand l'Occident utilise l'alphabet grec rationnel et les chiffres indo-arabes), la boussole, l'étrier, la porcelaine, la brouette, le collier d'attelage rigide, la poudre à canon. Elle aurait même brûlé du coke dans des hauts fourneaux dès le XIe siècle. Elle est peut-être victime de la suffisance que lui inspirent ses succès et, à coup sûr, de l'absence de marché libre et de droits de propriété institutionnalisés, de l'immixtion partout de l'État. Les signes du déclin se multiplient. Après une démonstration navale de prestige dans l'océan Indien et les eaux de l'Indonésie, au XVe siècle – les jonques mesurent cent vingt mètres de long contre les trente-neuf de la *Santa-Maria* de Colomb, l'Empereur interdit la navigation hauturière. Quiconque construit un navire de plus de deux mâts sera mis à mort. C'est en termes hautains que Qien Long répond à George Macartney que lui a dépêché l'Angleterre, en 1793 : « À présent, les Anglais me rendent hommage. Leurs bibelots et l'ingéniosité tant vantée de leurs inventions, je ne les prise pas. Ce qu'ils apportent est peu. Cependant, dans ma bonté pour des hommes venus de loin, je réponds avec générosité, soucieux de préserver mon pouvoir et ma santé. »

Macartney rapporte un récit détaillé de ce voyage inutile. Cent ans plus tard, Pékin est investi par les Occidentaux, le palais d'été mis à sac.

L'Europe est devenue le sujet de l'histoire et l'est restée un demi-millénaire durant parce que les axiomes fondateurs de son vouloir pratique lui ont assuré l'avantage dans ses continuelles rencontres avec les autres civilisations. Mais les États-nations qui la composent se disputent la suprématie mondiale et l'emportent successivement, l'Espagne au XVIe siècle, la France aux deux suivants, l'Angleterre au XIXe. Le XXe aurait dû être celui de l'Allemagne. Elle est devenue la première puissance industrielle du monde. Le rayonnement intellectuel suit, dont témoignent non seulement Max Weber mais le logicien Frege, le physicien Einstein, le philosophe Husserl, les motoristes Daimler, Otto, Diesel et leurs voisins du vieil Empire austro-hongrois, Freud, Wittgenstein, Mahler à Vienne, Kafka à Prague. Enfin, l'ambassadeur d'Allemagne à Londres ou à Saint-Pétersbourg confie à l'épouse de son homologue français que l'armée impériale « est prête comme elle ne l'avait jamais été ». Il n'aurait pas livré pareille confidence s'il n'y avait été incité en haut lieu et il sait qu'il peut compter sur son interlocutrice pour la rapporter à qui de droit.

Le moment est venu, et depuis longtemps, déjà, de démêler ce qu'emporte d'irrationnel, donc de périlleux, de potentiellement mortel, l'essor prométhéen de l'Europe. Ce n'est pas bien difficile. C'est son passé, « le poids des générations mortes sur le cerveau des vivants », l'inégalité parmi les hommes que Rousseau, avec sa sensibilité explosive, a perçue et dénoncée, dès qu'il s'est avisé de méditer, comme la source de tous les maux. Michelet, dont l'imagination n'est pas moins frémissante, nous dit que les jeunes femmes qui lurent, à parution (1755), les pages du citoyen genevois, un nourrisson au sein, « allaitèrent les titans » qui renverseraient, trente ans plus tard, la féodalité. Quant aux moyens d'offrir à tous d'identiques chances d'accès aux pouvoirs et aux biens, en quoi consistent les classes, donc d'abolir les classes, c'est le capitalisme naissant qui va les fournir. S'il diffère des modes de production précédents, esclavagiste, asiatique, féodal, c'est qu'il repose sur le travail libre. « La richesse des sociétés dans lesquelles il règne s'annonce comme une immense accumulation de marchandises ». La médiocrité des forces productives, aux stades antérieurs de développement, vouait la majorité des hommes à se voir dessaisis du produit de leur peine pour permettre à une minorité d'accomplir son humanité. Non content de ne pouvoir saisir la substance de la valeur, Aristote tient l'esclavage pour naturel. Telles sont les limites que la contrainte économique impose à l'usage de la raison, aux plus belles intelligences.

Les temps sont mûrs, désormais, et c'est d'Allemagne que vient la nouvelle. Fragmentée en principautés infimes, en duchés-pygmées, impuissante, politiquement, écartée de l'expansion coloniale, elle se trouve réduite à penser ce que font les nations voisines. L'écho de la Révolution française n'y entraîne, d'abord, que de menus désordres. Il faut compter avec l'éloignement, les délais de route. À Königsberg, en Prusse orientale, Emmanuel Kant, soixante-cinq ans, célibataire invétéré, auteur de trois *Critiques*, de la raison pure, de la raison pratique et de la faculté de juger, observe depuis toujours les mêmes habitudes monacales, mécaniques, presque. Deux minutes avant de sortir, il coiffe son tricorne devant l'un des deux miroirs de la maison, sous le regard de Rousseau dont un portrait constitue le seul élément décoratif. Dans la minute suivante, il ceint son épée et sort à l'heure juste pour donner son cours de philosophie. Les ménagères, qui sont dépourvues d'horloge, encore, calent leurs préparatifs de cuisine sur ses allées et venues. Elles s'en trouvèrent très mal, certain jour de 1789 que, voyant passer leur jacquemart pensant, elles allumèrent leurs fourneaux et furent bien étonnées d'en tirer des rôtis racornis et des pommes de terre calcinées. C'est que, impatient d'apprendre quelles initiatives avaient prises, à Paris, les Patriotes constitutionnels, Kant était parti plus tôt qu'à l'ordinaire au-devant de la malle-poste qui apportait les gazettes.

Au même moment, la relève qui s'apprête, au lycée de Tübingen, s'exalte au bruit de ce qui se passe, en France. On a retrouvé des travaux d'étudiant de Hegel. Les marges en sont barbouillées de «Jean-Jacques» énamourés. La nuit, aidé de ses petits condisciples Fichte et Hölderlin, il creuse un trou et plante un arbre de la liberté dans la cour du Gymnasium. Mais c'est quinze ans plus tard qu'il croisera le chemin de l'histoire en personne et en marche, à Iéna. L'armée prussienne a été écrasée en l'espace d'une matinée sur le plateau du Landgrafenberg – vingt-cinq mille morts, blessés ou prisonniers, cent douze canons et quarante drapeaux capturés. On attribue à cette défaite l'éveil du nationalisme allemand qui aboutira à l'unification du pays, en 1871, à nos dépens. Bismarck aurait eu ce mot: «Sans Iéna, pas de Versailles.» On n'en est pas encore là mais le 15 octobre 1806. Napoléon traverse la ville ravagée par les pillages et les incendies. Hegel est dehors, sur son passage et, lorsque surgit le petit homme en redingote grise et bicorne, il le désigne à l'attention de ces concitoyens : « Regardez ! C'est l'Esprit du monde qui passe à cheval. »

Anacharsis Cloots, issu de la noblesse prussienne, n'a pas attendu, lui, la venue, baïonnette au canon, des porteurs du nouvel Évangile. « Gallophile », selon son expression, il s'est installé à Paris dès 1789. L'Assemblée nationale législative lui confère le titre de citoyen français. Il est élu député de l'Oise et vote la mort du roi – « Louis le Dernier ». Il prône l'unification immédiate de l'Europe – « Abolissons ces noms gothiques de nations » – mais son athéisme militant – « le ci-devant Dieu » – lui attire les foudres de Robespierre. La Convention vote son exclusion, avec celle de l'Américain Thomas Paine. Il est arrêté, jugé avec les hébertistes le 4 germinal an II (24 mars 1794) et condamné à mort. Il sollicite et obtient d'être guillotiné le dernier. Il avait trente-huit ans.

On ne peut oublier une autre imposante figure de ce temps, celle de Goethe. Il constate dès 1792 que l'histoire est en train de prendre, et sous ses yeux, un tournant. Conseiller aulique, il a suivi le Prince-électeur de Weimar dans la campagne classique, facile, apparemment, qui doit « libérer Louis XVI ». Cent cinquante mille hommes, Prussiens et Autrichiens, auxquels se sont joints vingt mille émigrés, vont disperser « l'armée de savetiers, de boutiquiers » qui vient de perdre Verdun et pense s'interposer sur le chemin de la capitale, à Valmy. Le noble état-major du corps d'invasion a fait déployer une nappe brodée sur l'herbe et s'apprête à prendre un « déjeuner-dînatoire » (en français) lorsque Goethe, la fourchette en suspens, a la sensation bizarre que l'air, tout autour, s'est coloré de rouge. Après, seulement, il note le bruit insolite qui accompagne le phénomène. C'est celui des boulets. Ils sont sous le feu de l'artillerie ennemie, plus redoutable qu'on ne l'avait supposé. Et il n'est pas au bout de ses surprises, en ce 20 septembre. Une puissante rumeur monte des rangs de l'adversaire. On tend l'oreille. En face, ils crient : « Vive la Nation. » Le badinage fin et léger serait l'expression spontanée de l'esprit français, certaine gravité sentencieuse, parfois – « un style de chancellerie », dira Claudel à propos de Goethe, justement – le ton naturel aux Allemands. Une fois hors de portée, Goethe annonce à son auditoire déconfit que « de ce jour date une ère nouvelle ». Lui aussi aura l'occasion de rencontrer l'histoire en chair et en os et le privilège, de surcroît, de lui parler. C'est deux ans plus tard. Napoléon s'est installé provisoirement au palais du gouverneur d'Erfurt, à moins de dix kilomètres de Weimar. Il invite Goethe à passer, l'accueille entre Daru, qui vient lui soumettre la liste des réquisitions qu'on va imposer aux vaincus, et Talleyrand, en léger retrait. Passent les flamboyants maréchaux d'Empire, Berthier, Savary, Soult, « de haute taille, à l'abondante chevelure », qui apporte des nouvelles de Pologne. Puis Napoléon se tourne vers Goethe, lui dit avoir étudié *Werther* « à fond » et lui signale un passage : « Pourquoi avez-vous fait cela ? Ce n'est pas naturel. »

Réponse : « Le poète est peut-être excusable de recourir à un artifice pour produire certains effets. » Napoléon évoque encore avec dédain les « pièces fatalistes », comme le *Mahomet* de Voltaire, que Goethe a traduit. « Que nous veut-on aujourd'hui avec le destin ? Le destin, c'est la politique. »

Ce sera encore à un philosophe, c'est-à-dire à un Allemand, et d'origine juive, qu'incombera la tâche de rédiger, du haut de ses vingt-neuf ans, certain *Manifeste* dont l'écho de tonnerre a roulé sur la terre un siècle et demi durant. Il s'achève, on s'en souvient, par un appel pressant, en capitales d'imprimerie : « PROLÉTAIRES DE TOUS LES PAYS, UNISSEZ-VOUS. » Oui, mais on compte encore sur les doigts d'une main les pays où le capitalisme s'est implanté et ils restent gouvernés par des castes anachroniques, des monarques plus ou moins absolus aux penchants romantiques. Dans le dernier livre qu'il ait eu le temps, la force de relire et de corriger, *Les Allemands*, Norbert Elias, juge et partie, en la matière, impute l'affreux destin de son pays au fait que, à la différence de ce qui s'est passé, par exemple, en France, l'unification nationale s'est faite sous domination militaire, nobiliaire, au terme de trois victoires sur l'Autriche, le Danemark et la France. Ce processus a imprimé à la personnalité collective un tour singulier, « autoritaire », qui a marqué l'histoire du pays de sa naissance, en 1871, à l'aube du 9 mai 1945 qui consacre la ruine de son rêve hégémonique et criminel.

Les forces d'avenir, lorsqu'elles s'éveillent, sont aux prises avec celles des vieux âges, qui n'entendent pas céder la place. Pas plus qu'au temps d'Aristote, elles ne conçoivent de partager leurs aises ni leurs prestigieuses « possibilités de sens » (Elias) avec le restant de la société. C'est en Allemagne, où Marx a récapitulé en trente pages toute l'histoire de l'humanité et fixé son avenir, que la persistance du passé reste la plus vivace. Guillaume II multiplie rodomontades et gesticulations. Il se rend à Tanger en 1905, envoie une canonnière devant Agadir pour soustraire le Maroc aux ambitions de la France. Celle-ci, forte de l'appui de l'Angleterre, à laquelle elle a laissé les mains libres en Égypte, ne s'en soucie pas et impose son protectorat. Les Anglais, dont la maîtrise des mers conditionne la survie, s'inquiètent, de leur côté, du renforcement de la marine de guerre allemande. Max Weber, dont on parlait, voit se dessiner ce que tout Allemand considère comme la pire des éventualités, qui serait d'avoir à combattre simultanément sur deux fronts. Son pays serait défait, même si son avantage technologique lui permet d'imposer un ratio de pertes de quatre pour un à ses adversaires. Weber a fait ce calcul glaçant. Nous serons les premiers à le vérifier lors des batailles de frontières à Rossignol, Virton, Guise, et encore sur la Marne – quatre cent mille morts.

Weber cherche donc l'occasion de gifler publiquement Guillaume II. S'il n'est pas haché menu, sur place, par sa garde prétorienne à têtes de mort et casques à pointe, il sera traîné devant la Haute Cour de justice du Reich où il articulera, en juriste qu'il est, ses griefs contre un potentat immature qui conduit le pays à sa perte. L'occasion ne se présente pas. L'Allemagne affronte les quatre premières puissances de la terre, l'Angleterre, la France, la Russie, les États-Unis d'Amérique et perd la guerre. C'est alors qu'elle se souvient d'avoir enfanté, entre autres esprits du premier rang, Weber. Il accompagnera la délégation conduite par le comte Brockdorff-Rantzau aux pourparlers d'armistice. Il plaide pour l'acceptation des clauses écrasantes présentées par les Alliés, jugeant qu'à ce prix-là, et pour exorbitant qu'il soit, le différend qui a déchiré l'Europe sera réglé, une perspective nouvelle – celle qu'il a esquissée, dès 1912, dans son avant-propos – dégagée. Brockdorff-Rantzau rompt les négociations. Weber se rend chez Hindenburg pour lui exposer ses vues. L'autre, tout à ses fuligineux projets de revanche et de purification ethnique, le fait éconduire par ses valets. Il meurt peu après, de la grippe espagnole.

De ce côté-ci du Rhin, Jaurès a fait tout ce qu'il pouvait pour éviter le conflit, en vain. « C'est la guerre. Je n'ai pas pu l'empêcher. Nous sommes dans la nuit pour longtemps. » Tels sont ses derniers mots avant de tomber sous les balles de Villain, au café du Croissant.

Est-ce pour avoir bénéficié des richesses tirées de l'Empire que le prolétariat anglais reste sourd à l'appel du *Manifeste* ? Il n'y a guère que quelques intellectuels,

Bertrand Russell en tête, pour appeler à la désobéissance civile et faire de la prison.

Conformément à la loi secrète de la réalité, qui est « de déjouer nos attentes et de contrecarrer notre volonté », c'est de l'est vague, sauvage, inhospitalier, arriéré qu'émane la réponse la plus convaincante, la plus ferme à la question qui se pose à l'Europe. Non pas le geste héroïque, romantique, à sa façon, qui démange la main de Weber, l'amère, l'orgueilleuse solitude de Russell au cachot mais l'analyse scientifique de la situation – *Que faire ?* – et la lutte collective menée par un parti révolutionnaire : *La catastrophe imminente et les moyens de la conjurer*.

Rousseau tient l'égalité pour une aspiration innée de l'âme ou du cœur. Il y a conformé sa conduite dans la société d'ordres qui fut la sienne et à la ruine de laquelle, par ses écrits, il a contribué. Un haut seigneur lui ayant expédié un billet d'invitation, Rousseau invite le laquais qui le lui apportait à s'asseoir à sa table et à partager son petit repas. C'est le laquais qui l'a raconté, longtemps après. On aurait vu Rousseau disperser à coups de pierres un parti de poules qui s'acharnaient sur l'une de leurs congénères.

Un peu plus de cent ans plus tard, donc, de jeunes activistes d'origine russe, pour la plupart, se concertent dans des galetas de Zürich, de Berne, de Paris, rue Marie-Rose, dans le quatorzième arrondissement, sur les voies et moyens d'en finir avec la Grande Guerre et celle des classes, qui est l'histoire même. Le 25 octobre 1917, ils fondent le premier État socialiste de la terre. En février de l'année suivante, au sortir d'une réunion, les membres du Sovnarkom, Bronstein (Trotski), Djougachvili (Staline), Sverdlov, Zinoviev... voient Lénine esquisser sur la neige quelques mouvements d'une danse folklorique, le kasatchok. Accroupi, bras croisés, on lance alternativement une jambe et puis l'autre. Ils observent la scène avant de demander, un peu inquiets, quelle fantaisie lui prend. L'autre se redresse, époussette la neige et répond, son œil asiate plissé, rieur, qu'ils ont tenu cent jours. C'est ce qu'avait duré la Commune de Paris, le temps des cerises. Leur aventure est désormais sans précédent.

Sa fin, le 26 décembre 1991, a suscité une surabondante littérature. Dès l'année suivante, l'essayiste américain Francis Fukuyama y voit celle de l'histoire. La suite des temps, et jusqu'à la consommation des siècles, s'écoulera sans heurts ni surprises sous les triples auspices de la production en régime capitaliste, de la démocratie parlementaire et du développement indéfini de la physique théorique. Tel est, serait, en définitive, « le présent sans besoins » qui doit succéder à l'âpre dialectique historique. L'Anglais Eric Hobsbawm tire, lui, du marxisme même l'explication de sa faillite au pays des soviets. Tacticiens talentueux, résolus, les Bolcheviks ont mis à profit la fragilité du gouvernement bourgeois qui s'était constitué en février 1917, après la chute du tsarisme, pour instaurer, huit mois plus tard, un État socialiste. Or, en précipitant le cours des choses, ils enfreignaient le premier article du Décalogue, qui est la succession inéluctable des modes de production. Le capitalisme répond à une nécessité historique. Il libère le travail des entraves dont il était chargé et crée la richesse. Il pacifie, relativement, les mœurs politiques. C'est écrit, noir sur blanc, dans le *Manifeste* : « C'est la bourgeoisie qui, la première, a fait voir ce dont est capable l'activité humaine. Elle a créé de tout autres merveilles que les pyramides d'Égypte, les aqueducs romains, les cathédrales gothiques ; elle a mené à bien de tout autres expéditions que les invasions et les croisades. »

La constitution de l'URSS fait droit à l'espérance millénaire des exploités, des opprimés, des humiliés. Oui, mais la faiblesse des moyens de production, aggravée par les ravages du conflit avec l'Allemagne puis de la guerre civile, ne permet pas de répondre aux besoins. L'égalité du partage est inscrite dans le droit mais il n'y a rien à partager. On recourt à la force, d'autant plus aisément qu'a été escamoté le chapitre productif et parlementaire bourgeois qui figure dans l'histoire des pays occidentaux. L'ombre d'Ivan le Terrible, d'Alexandre le Grand, de Catherine II rôde dans les corridors du Kremlin. Mesures administratives, policières, brimades, arrestations arbitraires, déportations, crimes de masse demeurent des procédés de gouvernement, encadrent, infiltrent, empoisonnent, détruisent la vie des gens.

Quel rapport entre ces commotions énormes, ces désastres successifs, deux guerres mondiales, fratricides, suicidaires, l'autodestruction du socialisme réel, le déclin de l'Europe et puis la floraison de gilets de détresse sur les ronds-points de notre pays ? Celle-ci vient après ceux-là. *Post hoc, propter hoc*, comme disait la scolastique.

Aucune des initiatives suscitées par la passion de l'égalité n'a abouti. Nulle part la richesse n'est équitablement répartie quand nous sommes entrés depuis longtemps – Galbraith l'annonçait dès 1958 avec *The Affluent Society* – dans l'ère de l'abondance. Avec ça, les Trois Glorieuses, les journées de juin 1848, la Commune de Paris, l'assaut du Palais d'Hiver, à Saint-Pétersbourg, de la Moncada, à Cuba, la Longue Marche appartiennent au passé. Quel contemporain, évoquant mai 1968 – il y a cinquante ans ! – y voyait la dernière génération de 1917 ? Les survivants d'alors, lorsqu'ils se souviennent, ont peine à croire leurs yeux lorsqu'ils se posent sur le chaos où sont abîmés les pays émergents, le Moyen-Orient, berceau de la culture écrite, à feu et à sang, l'Amérique de Trump, la Russie de Poutine. Il n'y a que la Chine pour avoir épousé le brillant schéma de la philosophie idéaliste de l'histoire, la présence de la fin dès l'origine et le retour de l'origine, à la fin.

Le *Washington Post* ou le *Herald Tribune* titrait, voilà vingt ans : « *Where is this glory whose name was France ?* » Elle demeure enserrée, cette gloire, entre ses prestigieuses voisines, l'Allemagne industrieuse, consciencieuse, délivrée enfin, semble-t-il, de ses démons, l'Angleterre insulaire, réticente, toujours, face au continent, l'Italie instable, artiste, florentine, l'Espagne sortie, voilà peu, de la léthargie où elle était tombée sur son tas d'or. Chacune a conservé son identité, son intégrité territoriale (à peu près), sa langue, sa culture, ce qui a permis à l'Europe de ne pas succomber aux défaites, invasions, occupations qu'elle a subies sans presque discontinuer. La contrepartie, c'est la difficulté de fondre en un tout intégré, solidaire ces antiques et fortes entités.

La population française ne représente plus aujourd'hui qu'un pour cent de l'humanité. Ce centième, s'il diffère un peu du restant, c'est peut-être pour avoir contribué à donner corps, en son temps, au rêve égalitaire qui avait germé dans les latomies d'Athènes et les casernes d'esclaves de Rome. La révolte de Spartacus date de 73 av. J.-C. Ce que Montaigne, petit hobereau périgourdin, admirait le plus, chez les cannibales qu'on lui a présentés, c'est, outre leur courage à la guerre, qu'il estime digne des Romains, leur sens du partage. « Secondement (ils ont une façon de leur langage telle qu'ils nomment, les hommes, moitié les uns des autres) qu'ils avoyent apperceu qu'il y avait parmi nous des hommes pleins et gorgez de toutes sortes de commoditez, et que leurs moitiez estoient mendians à leurs portes, décharnez de faim et de pauvreté, et trouvaient estrange comme ces moitiez icy necessiteuses, pouvaient souffrir une telle injustice, qu'ils ne prinsent les autres à la gorge, ou missent le feu à leurs maisons… Mais quoy ? Ils ne portent point de haut-de-chausses. »

Lorsque, un peu plus tard, Descartes, nobliau poitevin, définit les moyens de réaliser cette fin à laquelle l'Europe tend depuis ses éveils – « se rendre comme maître et possesseur de la nature », les premiers mots de son *Discours* sont : « Le bon sens est la chose du monde la mieux partagée. » Y a-t-il bien loin de cette égalité dans l'ordre de la pensée, dont se déduit notre être-même, à celle des droits civiques ?

Depuis le 30 mai 1968 au soir – « Je ne me retirerai pas » (De Gaulle) –, il ne s'est rien passé en France quand l'histoire du pays, depuis deux mille ans, est une suite à peu près ininterrompue de guerres civiles ou étrangères, de succession ou de religion, d'émeutes, de coups d'État. Aucune partie du territoire, du nord ou de l'est, de préférence, n'a plus été le théâtre de combats terribles. Aucune ville de ces infortunées latitudes n'a plus donné son nom à une bataille décisive, Sainte-Alise (Alésia), Chalons (les Champs catalauniques), Poitiers, Crécy, Azincourt, Soissons, Rocroi, Malplaquet, Montmirail (deux fois), comme Sedan, Berry-au-Bac et Château-Thierry, Verdun, Craonne, Dunkerque… Paris n'a plus été menacé, bombardé, comme en 1870 et en 1918, investi, comme en 1420, 1815, 1940.

Les derniers gouvernements ont mis le meilleur de leurs soins à ne surtout toucher à rien, aidés en cela, il est vrai, par le discrédit où le socialisme réel était tombé avant de péricliter. Comme l'aspiration au changement, la passion irrationnelle, incoercible, invincible de l'égalité demeurent, c'est vers le parti opposé, le populisme, qu'on a vu les déshérités se tourner. Les gens d'un certain âge peinent à admettre que les ouvriers votent majoritairement pour l'extrême-droite et les idéalistes blessés se demandent de quel vertige a pu être frappé un peuple qui avait solennellement proclamé, le 26 août 1789, que « tous les hommes – pas les Français, les hommes – naissaient libres et égaux en droits et en devoirs », soulevant, à ce faire, l'enthousiasme de lointains aristocrates prussiens et de plus lointains encore citoyens de la libre Amérique, d'un professeur extraordinaire de philosophie à la faculté d'Iéna et des prolétaires anglais qui menacèrent les deux chambres d'ouvrir les ports à la flotte française, sous la Révolution. Edward P. Thompson a rappelé ces faits plutôt gênants et durablement minimisés, outre-Manche, dans sa magistrale étude sur la formation de la classe ouvrière anglaise.

Par un étrange chassé-croisé quand la nuée d'orage a quitté les cieux de l'Europe, nous nous retrouvons dans une position qui n'est pas sans rappeler celle de l'Allemagne au début du XIXe siècle lorsque, politiquement impuissante, elle se trouvait réduite à penser ce que les pays voisins faisaient. Elle est redevenue, comme aux premières heures du siècle dernier, la première puissance économique du continent, avec un taux de chômage inférieur de plus de moitié au nôtre, un plantureux excédent de sa balance des paiements quand nous sommes absents de la plupart des marchés stratégiques et que cinq millions de nos concitoyens sont sans emploi. Est-ce les séquelles de l'éthique protestante, d'un côté, de la vieille hostilité, de l'autre, de l'Église catholique, dont la France fut la fille aînée, à l'égard du prêt d'argent, donc du capitalisme, ou encore le mépris dans lequel la culture technique est depuis toujours tenue au « pays de la littérature » (Pierre Lepape), de « notre incurable légèreté », selon André Gide et, avant lui, déjà, selon Montesquieu, Saint-Simon et après, encore, De Gaulle, qui a dû compter avec aux plus graves moments ?

La pensée naît de l'échec. Rien ne se passe comme on l'escomptait benoîtement. On s'assoit, le poing à la tempe, le coude sur le genou. Le physiologiste écossais Alexander Bain a donné de cette occupation une définition aussi judicieuse qu'avaricieuse, toute négative : c'est un geste retenu, une parole ravalée. Par une sorte d'intériorisation du principe de la thermodynamique qui veut que le mouvement entravé se mue en chaleur, l'agitation contenue depuis un demi-siècle s'est traduite par un gain de lumière.

Il se mesure, par exemple, à la simplicité enfantine qu'on ne peut plus ne pas trouver, l'âge venu, aux plus hautes heures de notre existence, aux jours exaltés de notre adolescence. Comment a-t-on pu dire, croire qu'il suffisait d'interdire d'interdire, de prendre ses désirs pour des réalités ou, chose plus redoutable, que le pouvoir était dans la rue. C'a été un mince réconfort de découvrir dans les mémoires du préfet de police d'alors, Maurice

Grimaud – *En mai, fais ce qu'il te plaît* – qu'il s'était évertué, d'un bout à l'autre de ce mois mémorable, à éviter que les affrontements ne dégénèrent en tueries, que les rues, les barricades ne soient éclaboussées de sang, jonchées de morts comme c'était invariablement le cas depuis toujours, et jusqu'au massacre de Charonne, six ans plus tôt. Est-ce le même esprit raisonnable, républicain qui a retenu les éléments les plus radicaux de la jeunesse française d'alors au bord du gouffre quand leurs homologues italiens, allemands basculaient dans la clandestinité, le terrorisme, la lutte armée.

La guerre civile n'a pas eu lieu. Est-ce parce que le mouvement ne sortait pas des usines mais de l'Université, plus particulièrement de la faculté des lettres, lesquelles sont en France, selon l'essayiste Robert Curtius, une religion ?

Ces années-là ont marqué un tournant dans l'histoire longue. Des siècles durant, les lettrés ont constitué une minorité au sein d'une population rurale massivement analphabète. Julien Gracq se regardait encore – il l'a écrit – comme un privilégié dans un peuple d'ilotes. En 1914, on compte un pour cent de bacheliers et dix ou quinze mille étudiants. Cent ans plus tard, ce sont respectivement quatre-vingt-cinq pour cent et deux millions et demi.

On n'est plus les mêmes. On a tous fréquenté l'école jusqu'à seize ans et, pour beaucoup, très au-delà. L'offre d'enseignement a crû dans d'identiques proportions. Le grand aggiornamento des années 1960, le structuralisme, la *French Theory*, la littérature formelle, expérimentale de ce temps résultent sans doute de la reconstruction, de la modernisation, du rattrapage, après la crise de 1929, la guerre, la défaite, l'Occupation mais elles répondent aussi aux aspirations, aux attentes du public neuf, nombreux qui accède soudain à des lieux réservés, depuis toujours, à une poignée d'héritiers.

Dans son *Rapport sur la situation politique de la République* prononcé le 27 brumaire an II devant les Citoyens Représentants du Peuple, Robespierre déplore la faiblesse des moyens de communication qui a déjà troublé, on l'a dit, la vie domestique à Königsberg : « Ce n'est pas pour un peuple que nous combattons, mais pour l'univers, pour les hommes qui vivent aujourd'hui, mais pour tous ceux qui existeront... Plût au ciel que ces vérités salutaires, au lieu d'être renfermées dans cette étroite enceinte, pussent retentir en même temps à l'oreille de tous les peuples ! Au même instant, les flambeaux de la guerre seraient étouffés, les prestiges de l'imposture disparaîtraient, les chaînes de l'univers seraient brisées, les sources des calamités publiques taries, tous les peuples ne formeraient plus qu'un peuple de frères, et vous auriez autant d'amis qu'il existe d'hommes sur la terre. » Puis, dénombrant les ennemis de la République, il désigne, bien sûr, « les tyrans et leurs satellites », « l'hydre du fédéralisme (les Girondins) », « les intrigues de la banque » mais aussi, moins attendus, « tout ce que la philosophie a laissé d'idiots dans les quatre-vingt-trois départements ».

Deux cents ans plus tard et plus, le thème est le même, et les tyrans et la banque. Mais l'hydre a regagné sa tanière et l'idiotie que Marx évoque, lui aussi, dès la deuxième page de son *Manifeste* – « *die ländliche Blödsinnigkeit* » – reculé par l'effet des décrets Jules Ferry de 1880-1882, la prolongation de la scolarité voulue par Jean Zay, sous le Front populaire, la réforme des collèges, le baccalauréat comme bagage scolaire minimum.

On est différents. On a eu le temps. On a étudié, appris, contracté, peu ou prou, tous, la posture historique, magique, du lecteur, assis à l'écart, un livre aux mains, ou un écran, maintenant, porté, guidé, éclairé, transfiguré par l'écrit, dont l'invention, selon Jack Goody, constitue l'événement le plus important de l'aventure humaine. L'oubli retombe devant la main armée d'un poinçon, d'une plume. Avec un crayon et un papier, on peut faire, sans rien omettre, les courses du vendredi soir, résoudre une équation du second degré, tenir un agenda. Nous sommes entrés, selon la jolie formule de Georges Dumézil, « dans la lumière des archivistes à clous ». Peut-on contredire à la déclaration péremptoire d'Heinrich Rickert, un néokantien de l'Allemagne du sud : « Je n'ai jamais vu trace d'une seule pensée, dans l'histoire. Rien que des affects » ?

On est déjà en 2019 et le XXIe siècle ne s'est toujours pas déclaré quand, à âge égal, le précédent avait déjà accouché d'une guerre mondiale, de la révolution russe, emporté les empires chinois, ottoman, austro-hongrois, annoncé, sans fard, qu'il serait le siècle des extrêmes, des loups, de l'explicitation, aussi. L'élévation du niveau de l'instruction générale, l'abaissement des seuils de sensibilité, l'éclipse du phare qui brillait, à Moscou, du Grand Soir, dessinent un panorama inédit, comme tous le sont, au demeurant, depuis l'aube de l'ère contemporaine, à la fin du siècle des Lumières.

Ceux qui occupent les ronds-points et manifestent, le samedi, dans les rues des beaux quartiers de Paris et ailleurs, n'ont pas nécessairement connaissance des faits qu'on a rappelés mais agissent comme s'ils l'avaient. Pierre Bourdieu, après Durkheim, soutenait que l'inconscient n'est pas, comme l'avance Freud, « l'infantile en nous » mais l'histoire, « présente, tout entière, dans l'objectivité et la subjectivité des agents qui font l'histoire ». On attendait d'énergiques initiatives, des changements effectifs, de vrais événements. Ils ne se sont pas produits. Cinq décennies ont passé en vain, à vide, apparemment. Et puis ce qui aurait dû être et demeurait latent, absent fait irruption dans la durée. Le mouvement se développe hors des cadres dont il s'était doté dès sa naissance. Il mêle des couches et des classes dont les unes, ouvriers, employés, salariés de la fonction publique, possèdent une longue tradition de lutte et se situent plutôt à gauche tandis que les autres, travailleurs indépendants, petits patrons, artisans sont traditionnellement hostiles à l'action collective et penchent à droite ou à l'extrême-droite. Confrontés, tous, aux mêmes difficultés, pareillement victimes d'une politique obstinément conservatrice, ils ont mis sous le boisseau, couvert de jaune fluorescent, les habitudes et les valeurs qui les séparaient, les opposaient, pour ne retenir que des thèmes précis, positifs et communs. On arbore le gilet de détresse suscité par la civilisation automobile (une quarantaine de millions de véhicules, en France, actuellement). Quelques drapeaux tricolores flottent au-dessus des têtes. On chante la Marseillaise. On affronte les forces de police et de gendarmerie. On surmonte la lassitude de deux mois et demi de mobilisation dans l'inconfort et le froid. Pas de porte-parole, de représentants vraiment accrédités, de permanents, de projet politique ni d'organisation, de philosophie, d'ambitions gouvernementales, de programme, de syndicat, de parti. Enfin, des revendications proprement territoriales et non pas régionalistes, culturelles, linguistiques, assez nébuleuses et platoniques, comme dans les années 1970, en Bretagne, au Pays basque, en Occitanie. On réclame le maintien des services publics, des hôpitaux, des écoles, des bureaux de poste et des tribunaux, des 90 km/h. sur les routes secondaires, du prix de l'essence. Un mot revient souvent, qu'on n'avait guère entendu, jusqu'ici, celui de dignité.

Ce qui se passe en des lieux insolites, en rase campagne, sous l'Arc de Triomphe, accuse et secoue le grand figement où le pays était tombé après le rêve éveillé, tumultueux qu'il a eu, voilà un demi-siècle, fait écho à celui des jeunes hommes vertueux, inflexibles qui proclamèrent, du haut de la tribune de la Convention, que « le bonheur était une idée neuve en Europe ». Était-il absolument nécessaire que la silhouette de l'échafaud se dresse, rougeoyante, sinistre, dans leur dos ? Ils en ont jugé ainsi.

Un dernier trait distingue le mouvement actuel de tous les autres, y compris de celui de l'automne 1995 : ce sont les moyens de communication. Leur absence ou leur faiblesse, leur lenteur firent le désespoir des ménagères kantiennes et nous empêchèrent, dès l'an II, d'avoir autant d'amis qu'il y avait d'hommes sur la terre. Dans l'intervalle, et très récemment, s'est produit un événement capital : la troisième et sans doute dernière révolution du mode technologique de communication. La première, on y a fait allusion, c'est l'invention de l'écriture, en Mésopotamie, vers 3300 av. J.-C., la deuxième, sa mécanisation, en 1450, à Mayence et à Strasbourg, par Gutenberg. On n'imaginait rien au-delà de la presse et du papier, pas plus que les scribes de l'Antiquité et les moines copistes du Moyen Age au-delà de l'argile du Tigre et de l'Euphrate, du papyrus, de la peau de mouton. La pensée semblait condamnée à la roue des réincarnations. Lorsqu'elle quittait l'esprit, le corps indissolublement liés d'un homme auquel, peut-être, elle survivrait, il lui fallait entamer une nouvelle carrière sous l'un des trois règnes, minéral, végétal, animal. La révolution numérique a brisé le karma. La « substance du signifiant », pour reprendre la terminologie du linguiste danois Louis Hjelmslev, s'est volatilisée.

La pensée a dépouillé ses enveloppes matérielles pour chevaucher les électrons.

Nos vies s'en trouvent changées, donc les luttes. Les réseaux sociaux jouent un rôle essentiel dans la mobilisation, les portables multifonctions dans les manifestations. Le moindre incident est filmé cinquante fois, immédiatement diffusé, commenté, exploité.

On ne peut s'empêcher de penser à nos lointains descendants, aux historiens de demain qui feront l'histoire du présent quand il sera devenu leur passé. Qui ne donnerait tout, aujourd'hui, pour voir et entendre Aristote et son élève Alexandre le Grand, le Roi soleil et les manants de l'Ancien Régime en qui nous avons eu nos vies antérieures ? Ceux qui s'intéresseront à « notre petit moment dans la lumière tiède » (Michelet, encore) l'auront sous les yeux, seront assourdis par les cris, les détonations, sentiront peut-être – qui sait ? – le froid de l'hiver, l'âcreté des gaz lacrymogènes.

L'histoire n'est peut-être pas finie. Deux des trois piliers du mausolée immobile, éternel imaginé par Fukuyama sont ébranlés, l'économie capitaliste et la délégation parlementaire. La physique théorique n'a pas d'incidence comparable sur la vie des gens. Un mouvement qui refuse les voies classiques de la lutte revendicative, de l'action politique est éminemment politique. Qui peut dire ce qui en sortira ?

DANS LA MÊME COLLECTION

N°1 RÉGIS DEBRAY, **L'EUROPE FANTÔME**, FÉVRIER 2019
N°2 ERRI DE LUCA, **EUROPE, MES MISES À FEU**, MARS 2019

PEFC
10-31-2541
Certifié PEFC
Ce produit est issu de forêts gérées durablement et de sources contrôlées.
pefc-france.org

CE TRACT, COMPOSÉ EN TUNGSTEN ET CASLON,
A ÉTÉ ACHEVÉ D'IMPRIMER PAR NORMANDIE ROTO IMPRESSION S.A.S.,
LE 5 MARS 2019, À LONRAI EN FRANCE, SUR UN PAPIER CERTIFIÉ
PEFC PROVENANT DE FORÊTS DURABLEMENT GÉRÉES.
DÉPOT LÉGAL : MARS 2019

N°ÉDITION : **354952**
N°IMPRIMEUR : **1900948**